AF194731

Impressum
Verlag: BABADADA GmbH, Nedderfeld 112 , 22529 Hamburg
Geschäftsführer / Verlagsleitung: Harald Hof
Druck: Books on Demand GmbH, In de Tarpen 42, 22848 Norderstedt

Imprint
Publisher: BABADADA GmbH, Nedderfeld 112 , 22529 Hamburg, Germany
Managing Director / Publishing direction: Harald Hof
Print: Books on Demand GmbH, In de Tarpen 42, 22848 Norderstedt

baba
colegio

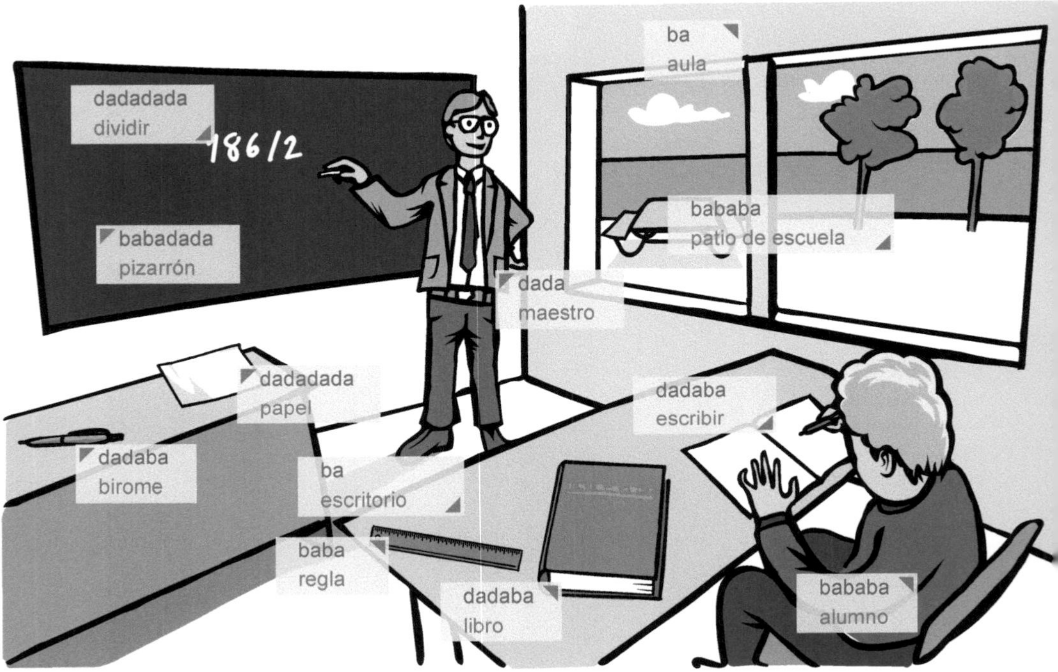
ba
aula
dadadada
dividir
186/2
bababa
patio de escuela
babadada
pizarrón
dada
maestro
dadadada
papel
dadaba
escribir
dadaba
birome
ba
escritorio
baba
regla
dadaba
libro
bababa
alumno

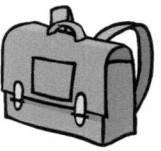

dadaba
mochila

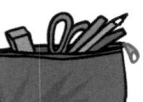

dada
caja de lápices

bababa
lápiz

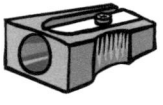

dadaba
sacapuntas

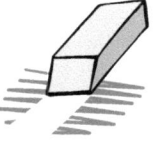

baba
goma (de borrar)

ba
bloc de dibujo

bababa

dibujo

ba

pincel

dada

caja de pinturas

babadada

tijera

dadaba

pegamento

dadadada

cuaderno de ejercicios

babadada

tarea

bababa

número

dadaba

sumar

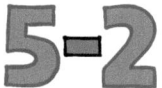

bababa

restar

badada

multiplicar

dadababa

calcular

babababa

letra

babababa

abecedario

dada

palabra

babadada

texto

dadadada

leer

dada

tiza

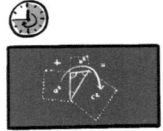

babababa

lección

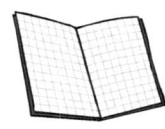

ba

cuaderno de clase

baba

examen

babababa

certificado

babadada

uniforme escolar

babababa

educación

dadababa

enciclopedia

babababa

universidad

dadababa

microscopio

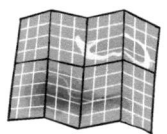

bababa

mapa

babadada

tacho (de basura)

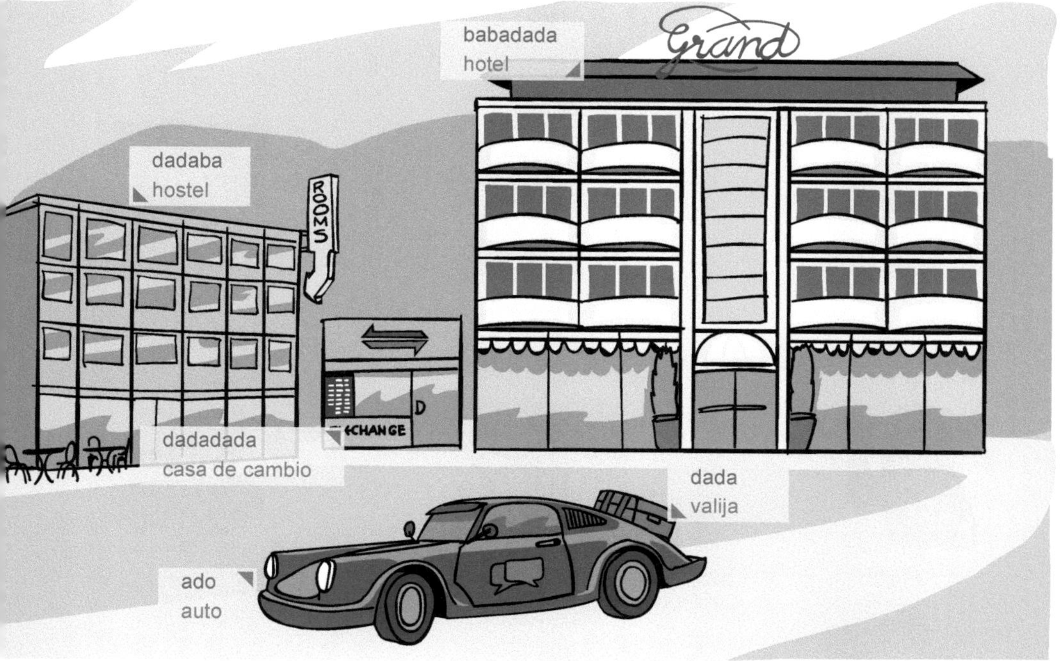
babadada
hotel
Grand
dadaba
hostel
ROOMS
dadadada
casa de cambio
EXCHANGE
dada
valija
ado
auto

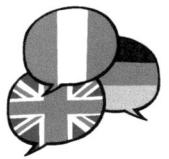

dadadada
idioma

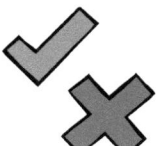

da / meh
sí / no

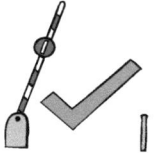

Oh
Está bien

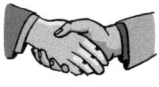

ba
hola

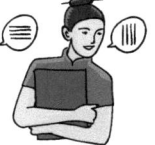

dada
traductor

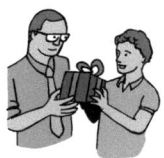

dada
Gracias

bababa
¿cuánto cuesta...?

ah
No entiendo

dadaba
problema

ba dada
¡Buenas tardes!

babadada
¡Buenos días!

heia!
¡Buenas noches!

dadaba
adiós

badada
dirección

dada
equipaje

bababa
bolso

bababa
mochila

baba
invitado

dadadada
habitación

dadadada
bolsa de dormir

dada
carpa

dadadada
....
información turística

badada
....
playa

babadada
....
tarjeta de crédito

dadababa
....
desayuno

baba
....
almuerzo

bababa
....
cena

dada
....
pasaje

dada
....
ascensor

babadada
....
sello

badada
....
frontera

dadaba
....
aduana

babadada
....
embajada

dadaba
....
visa

dada da da da
....
pasaporte

dadadada
transporte

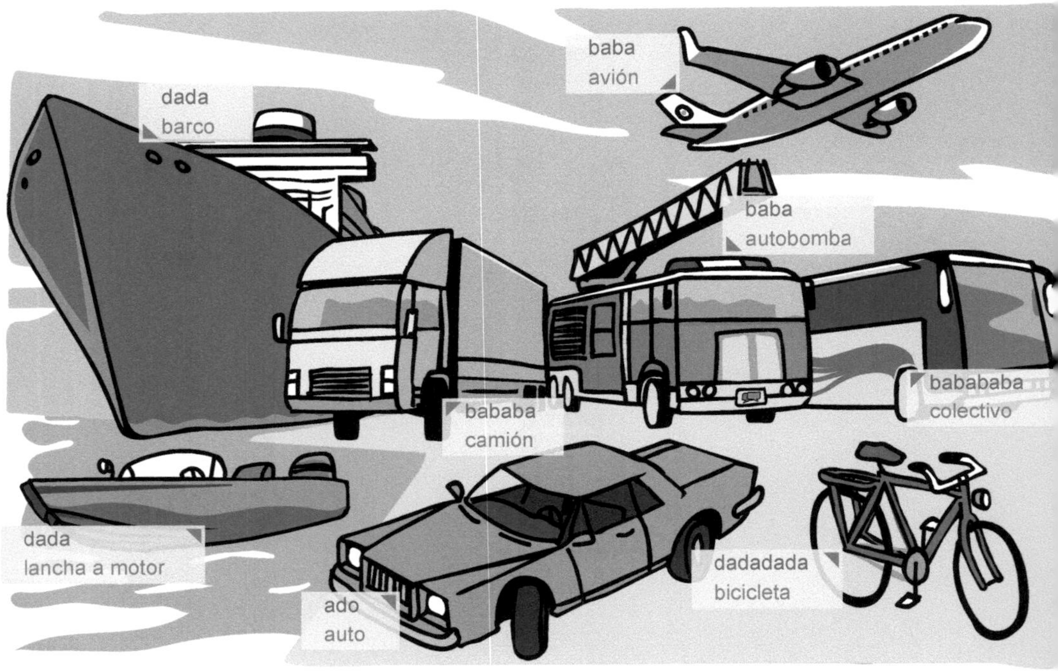

baba
avión
dada
barco
baba
autobomba
babababa
colectivo
bababa
camión
dada
lancha a motor
dadadada
bicicleta
ado
auto

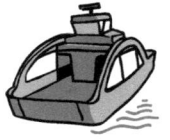

babadada
ferry

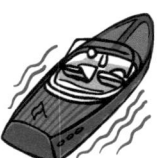

baba
bote

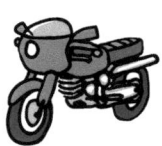

bababa
moto

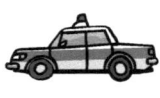

ado
patrullero

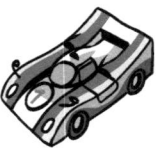

ado
auto de carreras

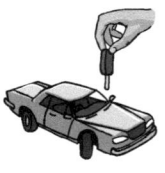

auto
auto de alquiler

dada

alquiler de autos

ado

grúa

ado

camión de basura

brumbrum!

motor

bababa

nafta

dada

estación de servicio

dadaba

señal de tránsito

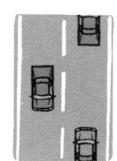

badada

tránsito

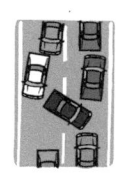

ado ado

embotellamiento

babadada

estacionamiento

babababa

estación de tren

dada

vías

dadaba

tren

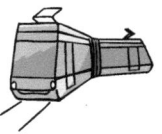

baba

tranvía

dadaba

vagón

baba

helicóptero

baba

aeropuerto

dadaba

torre

baba

pasajero

badada

contenedor

dada

caja de cartón

baba

carretilla

dadadada

canasta

da / bada

despegar / aterrizar

dadaba
ciudad

bababa

pueblo

dadababa

centro de ciudad

dadaba

casa

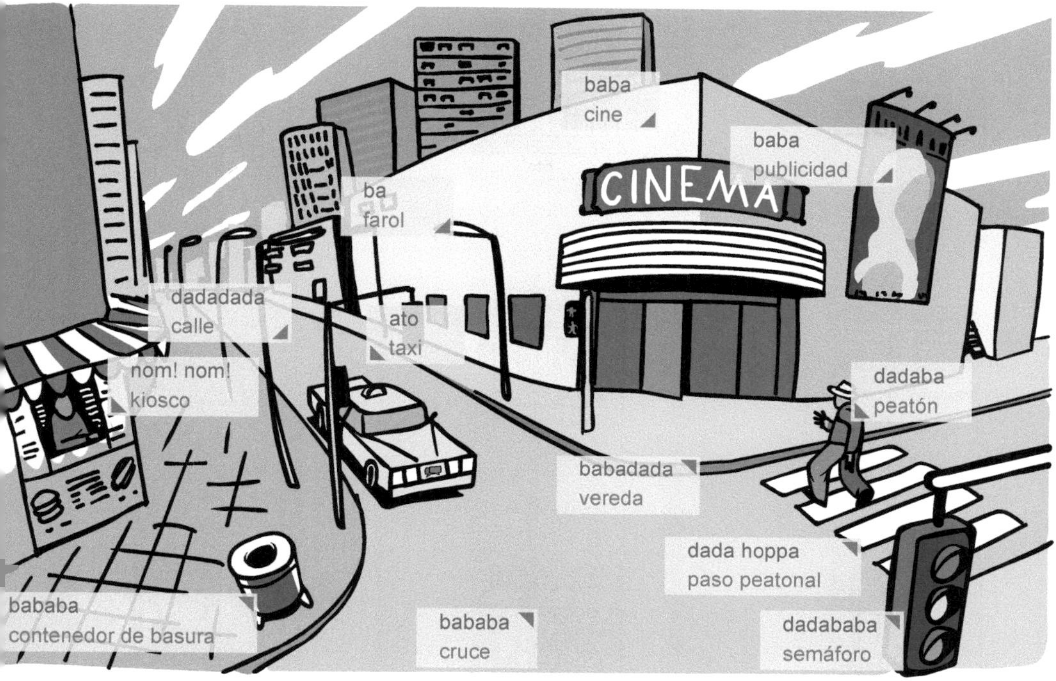

baba
cine
baba
publicidad
CINEMA
ba
farol
dadadada
calle
ato
taxi
nom! nom!
kiosco
dadaba
peatón
babadada
vereda
dada hoppa
paso peatonal
bababa
contenedor de basura
bababa
cruce
dadababa
semáforo

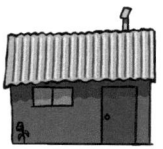

babadada

cabaña

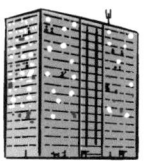

dadadada

departamento

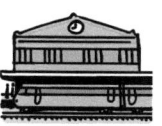

babababa

estación de tren

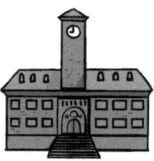

dadaba

municipalidad

MUSEUM

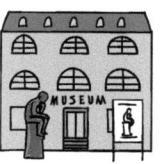

bababa

museo

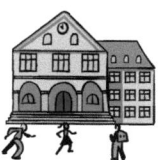

baba

colegio

bababa
universidad

dadadada
banco

aua!
hospital

babadada
hotel

aua!
farmacia

baba
oficina

bababa
librería

ba
negocio

dadaba
florería

dada nom nom
supermercado

dadadada
mercado

dadadada
grandes tiendas

nom! nom!
pescadería

baba
centro comercial

ba
puerto

dadadada
parque

baba
banco

babababa
puente

dadadada
escaleras

bababa
subte

baba
túnel

ba
parada del colectivo

babababa
bar

nom nom!
restaurante

dadaba
buzón

dada
letrero

baba
parquímetro

bababa
zoológico

dada
pileta

baba
mezquita

dadaba

granja

dadababa

contaminación

bababa

cementerio

ba

iglesia

dadababa

juegos infantiles

bababa

templo

dada

paisaje

baba
hoja

baba
poste indicador

dada
camino

bababa
pradera

baba
piedra

dada
excursionista

dadababa
árbol

bababa
río

dada
hierba

mama!
flor

dada - paisaje

badada

valle

bababa

montaña

dadadada

lago

dadadada

bosque

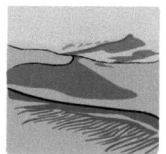

dadababa

desierto

dadaba

volcán

babababa

castillo

dadaba

arco iris

bababa

champiñón

dadababa

palmera

aua!

mosquito

badada

mosca

dadababa

hormiga

summ summ

abeja

dada

araña

dadaba

escarabajo

quak

rana

dadababa

ardilla

dadaba

erizo

baba

liebre

gackgack

lechuza

gackgack

pájaro

gackgack

cisne

babadada

jabalí

dadadada

ciervo

dadadada

alce

dadadada

presa

ba

aerogenerador

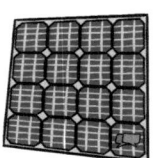

dadadada

panel solar

bababa

clima

dadadada
mozo

baba
menú

dadaba
silla

nom! nom!
sopa

nom nom!
pizza

bababbaba
mantel

ba
cubiertos

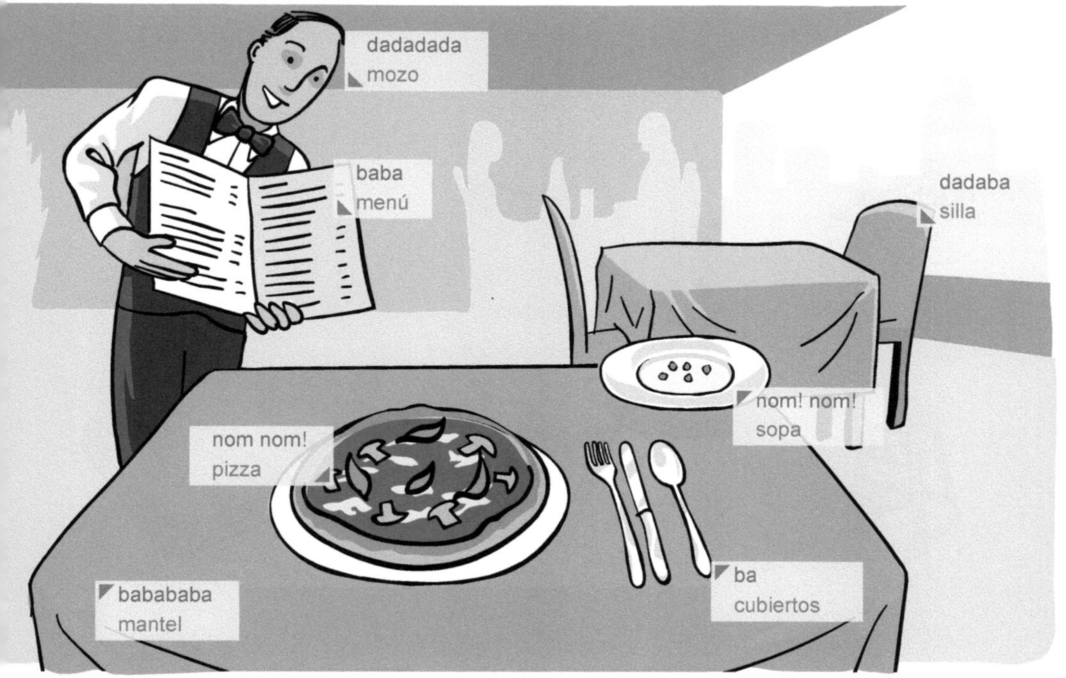

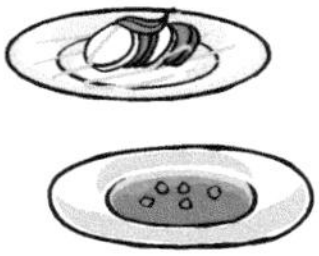

nom! nom!
....
entrada

nom! nom!
....
plato principal

nom nom!
....
postre

dadababa
....
bebidas

nom nom!
....
comida

nom nom!
....
botella

nom! nom!

comida rápida

nom! nom!

comida callejera

babababa

tetera

nom! nom!

azucarera

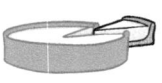

nom nom!

porción

dadaba

cafetera expreso

bababa

sillita alta

ba

cuenta

bababa

bandeja

ba

cuchillo

babadada

tenedor

dadaba

cuchara

bababa

cucharita

dadaba

servilleta

ba

vaso

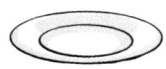

nom nom!

plato

bababa

plato hondo

bababa

plato

nom! nom!

salsa

dadadada

salero

dadaba

molinillo de pimienta

bähbäh

vinagre

dadababa

aceite

dadababa

especias

nom! nom!

kétchup

nom! nom!

mostaza

nom nom!

mayonesa

dada nom nom

supermercado

dadababa
oferta especial
FOR
dadaba
cliente
dadaba
lácteos
nom nom!
fruta
baba
changuito

BUTCHERS

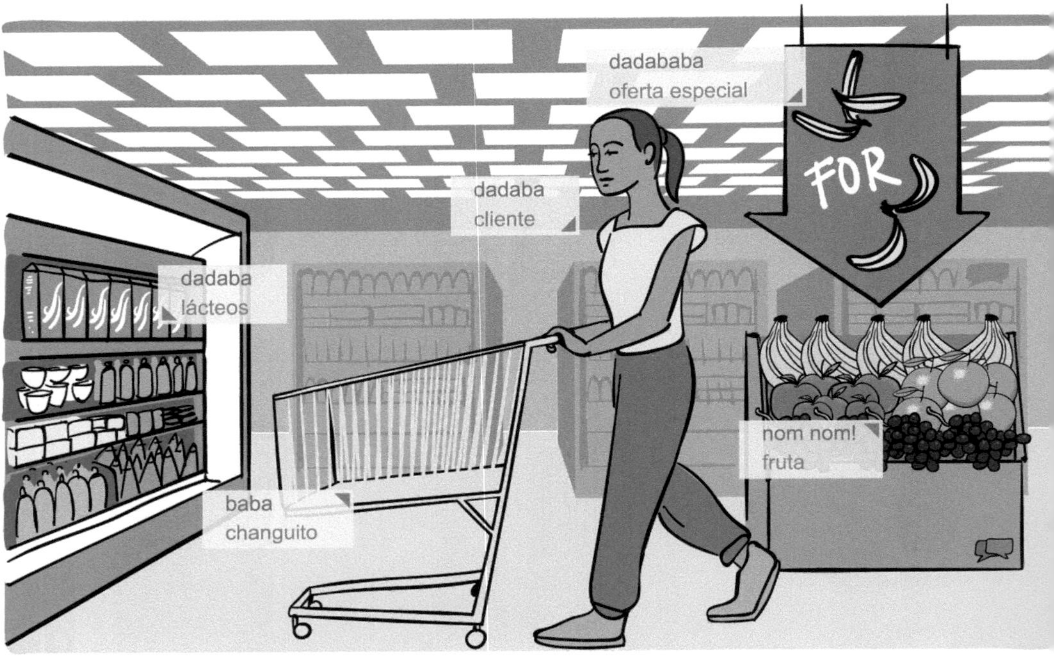

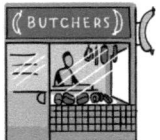

dadaba

carnicería

BAKERY

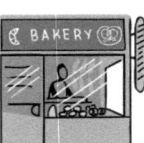

nom! nom!

panadería

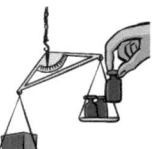

bababa

pesar

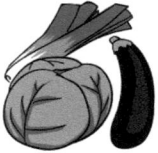

bähbäh

verduras

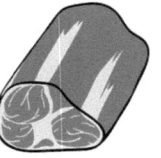

nom nom!

carne

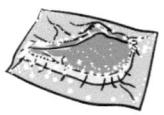

nomnom

alimentos congelados

nom nom!

fiambres

nomnom

alimentos enlatados

bababa

detergente en polvo

baba

golosinas

dadaba

electrodomésticos

dadababa

productos de limpieza

bababa

vendedora

bababa

caja

dadaba

cajero

dada

lista de compras

dadababa

horario de atención

baba

billetera

babadada

tarjeta de crédito

dadababa

cartera

dadababa

bolsa de plástico

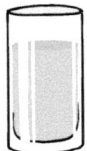

wasa

agua

dadadada

jugo

badada

leche

ba

bebida cola

bababa

vino

dadadada

cerveza

dadaba

alcohol

bababa

cacao

dadababa

té

dada

café

dadaba

café expreso

dadababa

cappuccino

nane

banana

nom nom!

manzana

bababa

naranja

nom nom!

melón

nom nom!

limón

bähbäh

zanahoria

bada meh

ajo

dadaba

bambú

dadaba

cebolla

nom nom!

champiñón

nom nom!

nueces

nom nom!

fideos

nom nom!

tallarines

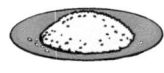

nom nom!

arroz

nom nom!

ensalada

nom nom!

papas fritas

nom nom!

papas fritas

nom nom!

pizza

nom nom!

hamburguesa

nom nom!

sándwich

nom nom!

churrasco

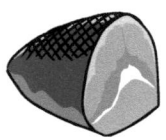

nom nom!

jamón

nom nom!

salame

nom nom!

salchicha

gack gack

pollo

nom nom!

asado

nom nom!

pescado

nom nom!

copos de avena

bähbäh

muesli

nom nom!

copos de maíz

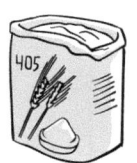

nom nom!

harina

nom nom!

medialuna

babadada

pancito

nom! nom!

pan

nom nom!

tostada

nom nom!

galletitas

nom nom!

manteca

nom nom!

cuajada

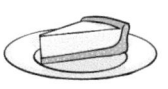

nom nom

torta

dadaba

huevo

nom nom!

huevo frito

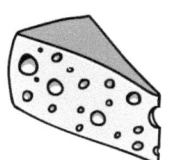

bada muh

queso

nom nom!

helado

nom nom!

azúcar

baba summ

miel

nom nom!

mermelada

nom nom!

pasta de chocolate

babadada

curry

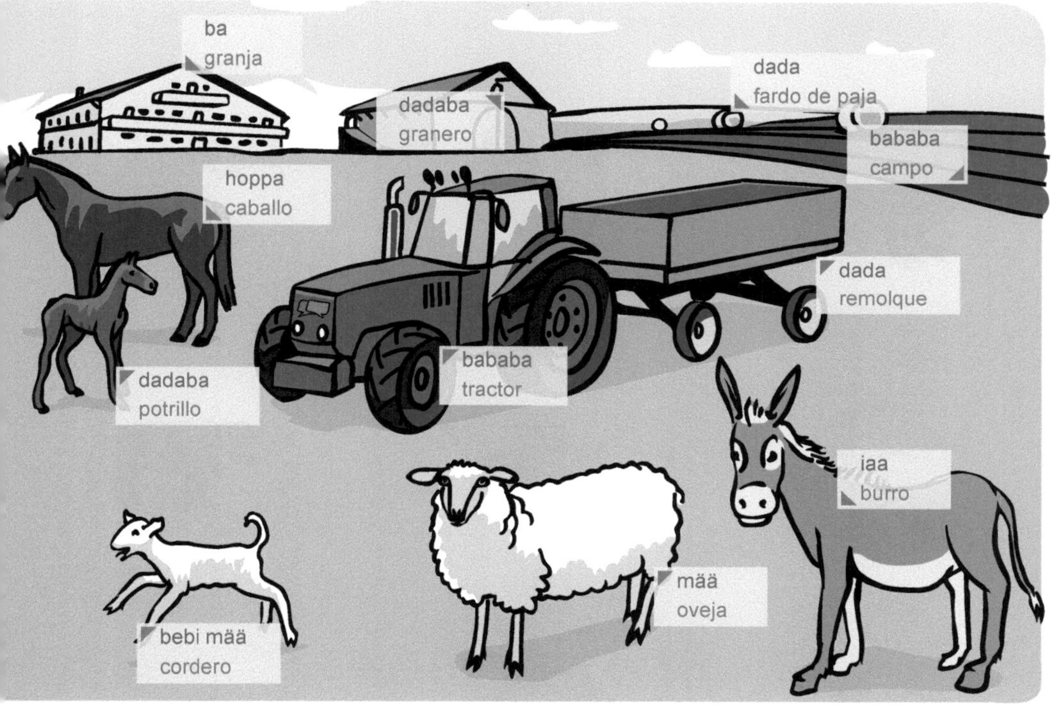

ba
granja

dada
fardo de paja

dadaba
granero

bababa
campo

hoppa
caballo

dada
remolque

dadaba
potrillo

bababa
tractor

iaa
burro

mää
oveja

bebi mää
cordero

baba

cabra

muh

vaca

mimuh

ternero

mama oink

cerdo

oink

lechón

dadadada

toro

gackgack

ganso

gackquack

pato

gacki

pollo

gackgack

gallina

gacko

gallo

dada

rata

mau

gato

bababa

ratón

muh

buey

wauwau

perro

wauwau

cucha

baba

manguera

dadababa

regadera

baba

guadaña

dadababa

arado

baba

hoz

dadadada

azada

dada

horquilla

bababa

hacha

babababa

carretilla

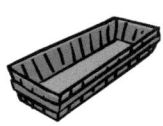

baba

abrevadero

dada muh

lechera

dadababa

bolsa

badada

reja

dadadada

establo

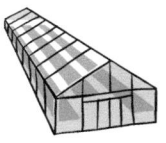

ba

invernadero

babadada

suelo

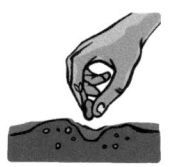

baba

semilla

baba

fertilizador

dadababa

cosechadora

bababa
....
cosechar

dadadada
....
cosecha

dadaba
....
batatas

dadababa
....
trigo

dadababa
....
soja

bababa
....
papa

badada
....
maíz

bababa
....
semilla de colza

bababa
....
árbol frutal

dadadada
....
mandioca

dadababa
....
cereales

dadaba

casa

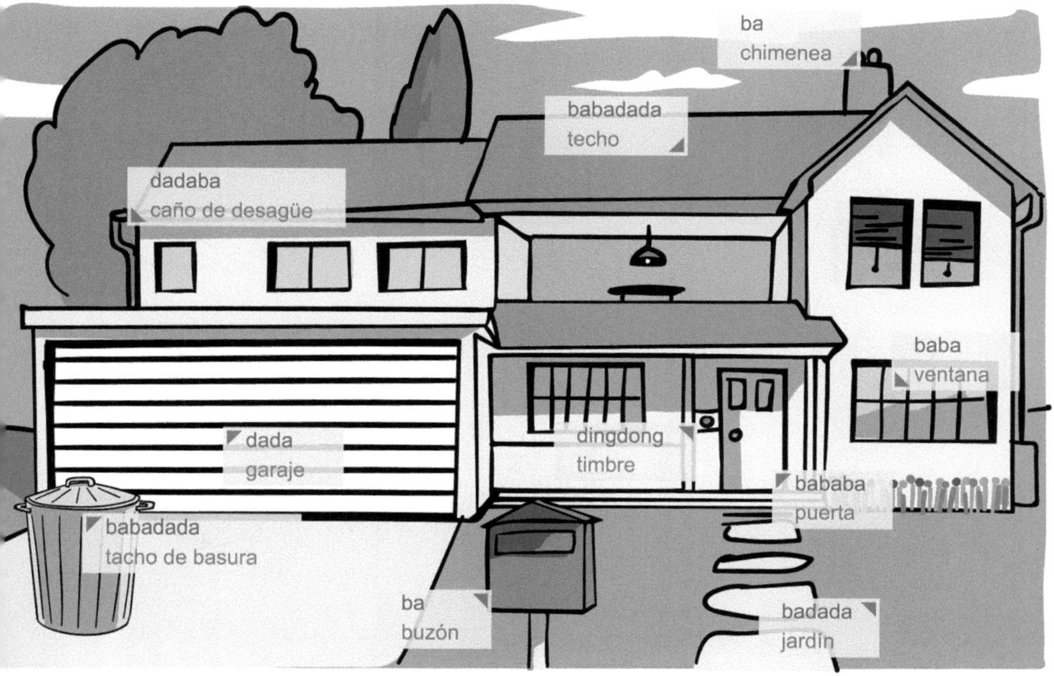
ba
chimenea
babadada
techo
dadaba
caño de desagüe
baba
ventana
dada
garaje
dingdong
timbre
bababa
puerta
babadada
tacho de basura
ba
buzón
badada
jardín

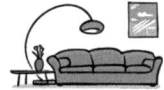

dadadada

living

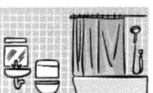

bababa

baño

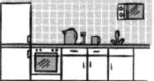

bababa

cocina

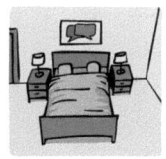

dadababa

dormitorio

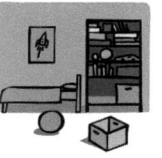

meina

cuarto de los chicos

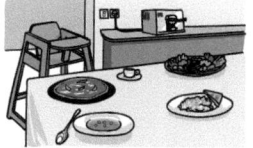

dadaba

comedor

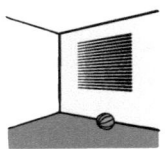

badada

piso

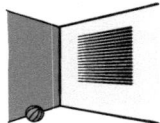

dadababa

pared

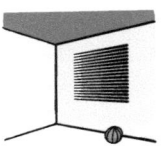

bababa

cielorraso

dada

sótano

dadababa

sauna

babababa

balcón

dadadada

terraza

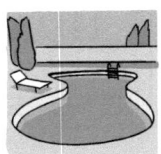

bababa

pileta

baba

cortadora de pasto

dadaba

sábana

babadada

acolchado

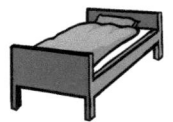

heia!

cama

dada

escoba

dadaba

balde

dadababa

interruptor

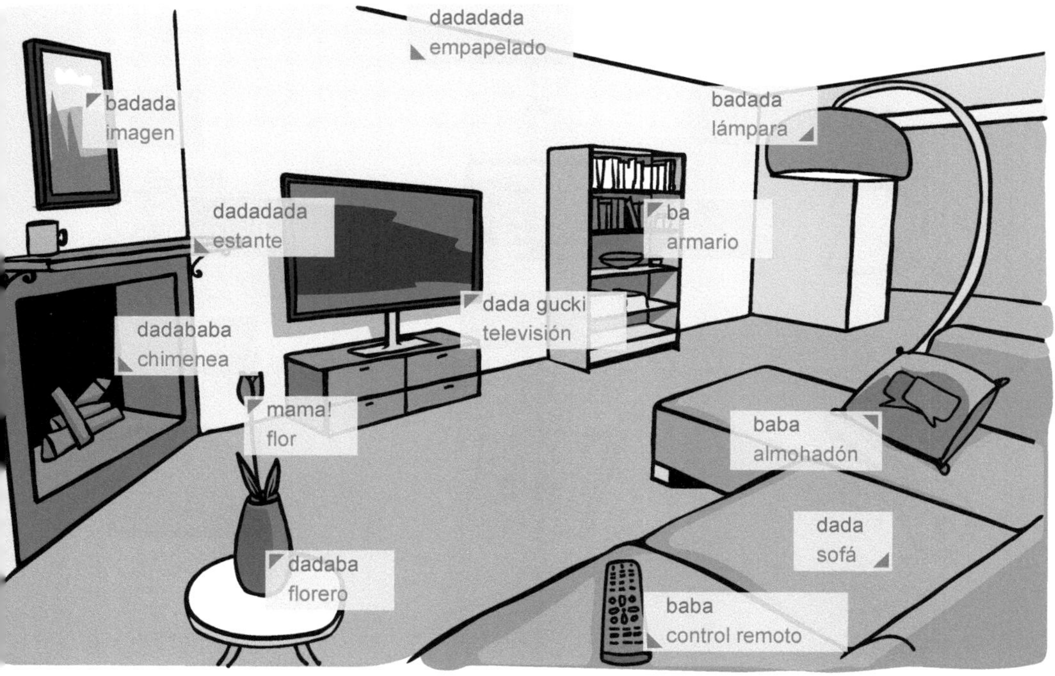

dadadada
empapelado

badada
imagen

badada
lámpara

dadadada
estante

ba
armario

dadababa
chimenea

dada gucki
televisión

mama!
flor

baba
almohadón

dada
sofá

dadaba
florero

baba
control remoto

dada
alfombra

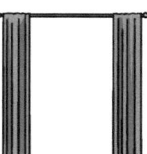

bababa
cortina

ba
mesa

dadaba
silla

dadadada
mecedora

bababa
sillón

dadaba

libro

dadadada

frazada

dadaba

decoración

ba

leña

dadadada

película

lala

equipo de música

babadada

llave

dadadada

diario

dadadada

pintura

bababa

póster

lala

radio

dadababa

cuaderno

babadada

aspiradora

aua!

cactus

babadada

vela

bababa
cocina

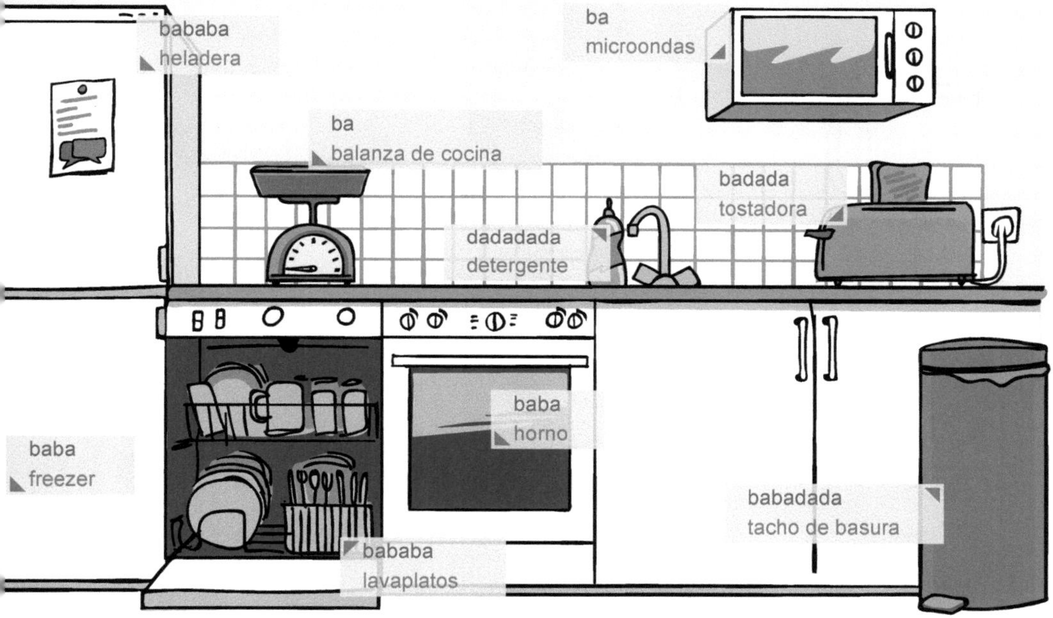
bababa
heladera
ba
microondas
ba
balanza de cocina
badada
tostadora
dadadada
detergente
baba
horno
baba
freezer
babadada
tacho de basura
bababa
lavaplatos

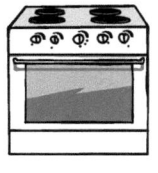

dada

cocina

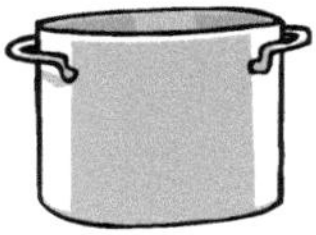

dada

olla

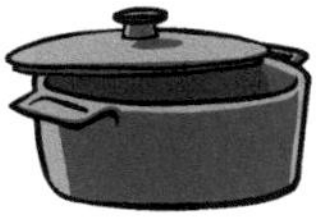

dada

olla de hierro fundido

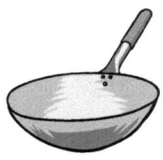

baba / dada

wok

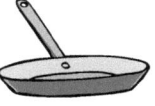

badada

sartén

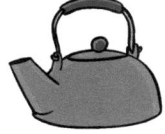

ba

pava

dadababa

vaporera

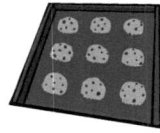

bababa

bandeja de horno

dadaba

vajilla

dadadada

taza

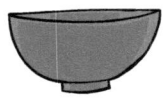

dadaba

bol

baba

palitos

dadaba

cucharón

dadadada

estpátula

badada

batidora

dada

colador

bababa

colador

baba

rallador

dadababa

mortero

dada

parrilla

aua!

fogata

dadababa

tabla de picar

babababa

palo de amasar

dadababa

sacacorchos

dadadada

lata

bababa

abrelatas

dadababa

manopla

dadadada

pileta

dadababa

cepillo

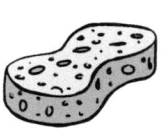

ba

esponja

aua!

batidora

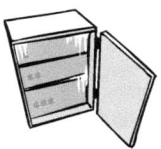

babadada

congelador

bababa

mamadera

dadadada

canilla

bababa
baño

babadada
calefacción
ba
toalla
bababa
ducha
babababa
cortina de ducha
wasa
baño de espuma
baba
bañadera
ba
vaso
baba
lavarropas
dadadada
canilla
badada
baldosas
kaka
pelela
dadadada
pileta

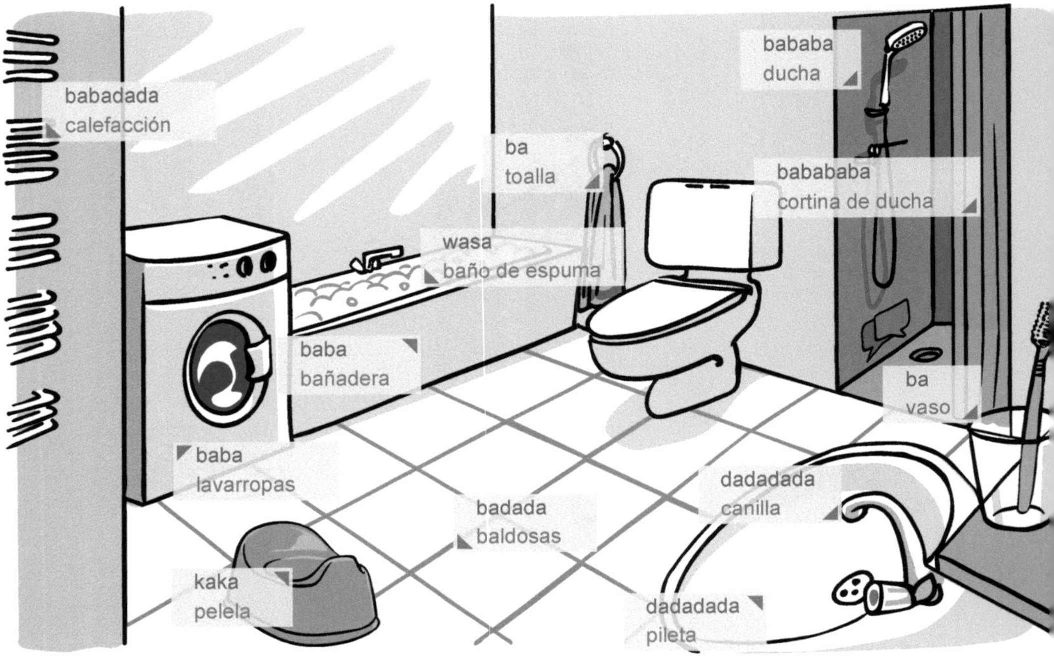

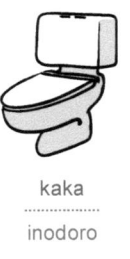

kaka
inodoro

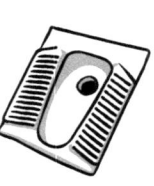

ba
letrina

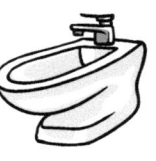

dadababa
bidé

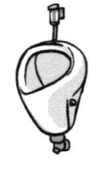

dadababa
mingitorio

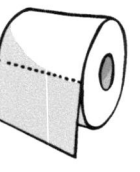

kaka
papel higiénico

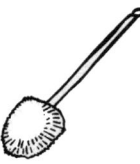

bababa
cepillo para el inodoro

bababa

cepillo de dientes

nom! nom!

dentífrico

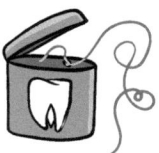

dadadada

hilo dental

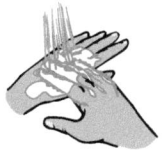

bababa

lavar

babababa

ducha de mano

dadadada

ducha higiénica

badada

palangana

dadadada

cepillo para espalda

nom! nom!

jabón

nom! nom!

gel de ducha

nom! nom!

shampoo

babadada

toallita

dadaba

desagüe

nom! nom!

crema

babababa

desodorante

dadadada

espejo

dadadada

espejito

ba

maquinita de afeitar

nom! nom!

espuma de afeitar

nam! nam!

aftershave

dadababa

peine

baba

cepillo

dadadada

secador de pelo

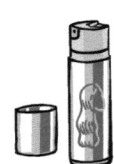

badada

spray

dadaba

maquillaje

mama!

lápiz de labios

ba

esmalte para uñas

bababa

algodón

dadadada

tijera para uñas

bababa

perfume

bababa - baño

dadadada

portacosméticos

bababa

banqueta

dadadada

balanza

ba

bata

babababa

guantes de goma

ba

tampón

bababa

toallita femenina

baba

baño químico

meina

cuarto de los chicos

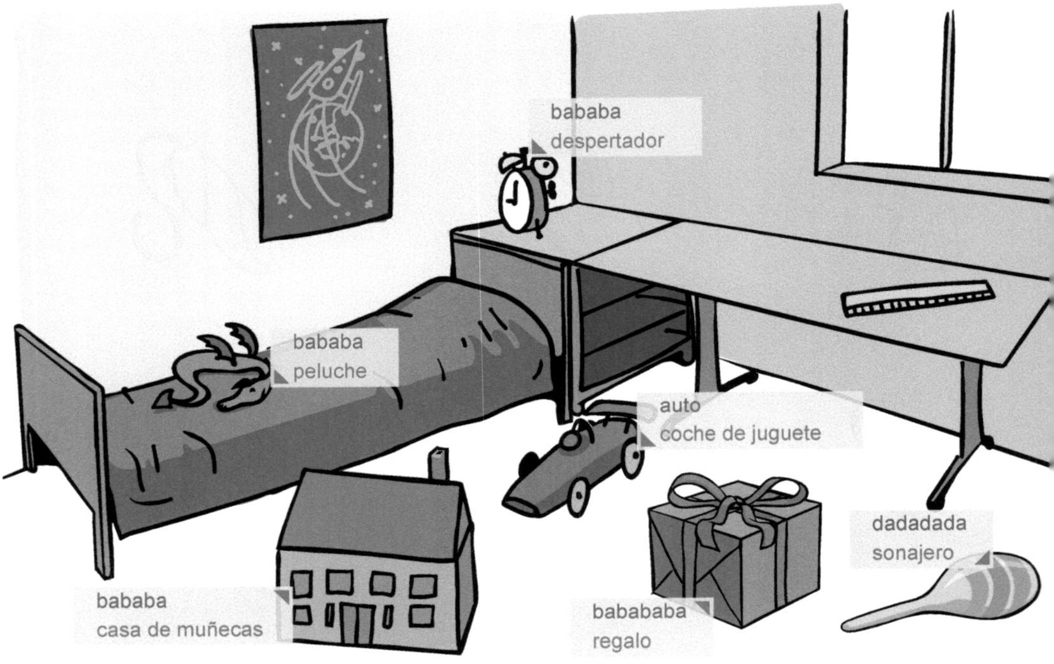

bababa
despertador
bababa
peluche
auto
coche de juguete
dadadada
sonajero
bababa
casa de muñecas
babababa
regalo

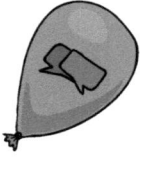

dadadada

globo

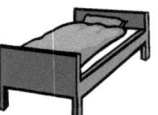

heia!

cama

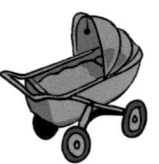

dadaba

cochecito

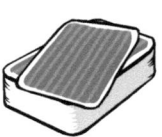

dadababa

cartas

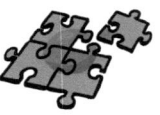

bababa

rompecabezas

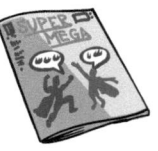

dadababa

historieta

badada

piezas de lego

badada

ladrillos de juguete

dada

figura de acción

dadadada

enterito (de bebé)

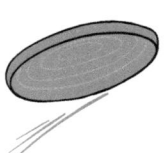

dadaba

frisbee

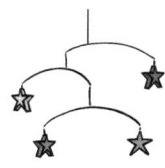

dadaba

móvil para bebés

ba

juego de mesa

baba

dados

dadababa

tren eléctrico

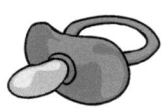

lula

chupete

baba

fiesta

dadaba

libro de cuentos ilustrado

dada

pelota

dada

muñeca

badada

jugar

dadaba

arenero

babababa

hamaca

dadababa

juguetes

dadaba

consola de videojuegos

babadada

triciclo

dadababa

osito de peluche

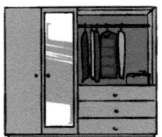

dadaba

armario

baba
ropa

dadadada

medias

ba

medias panty

dada

calzas

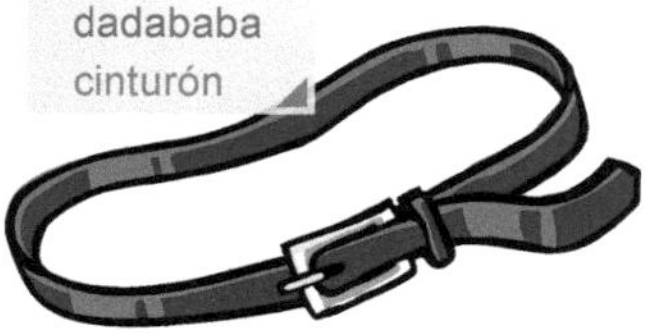

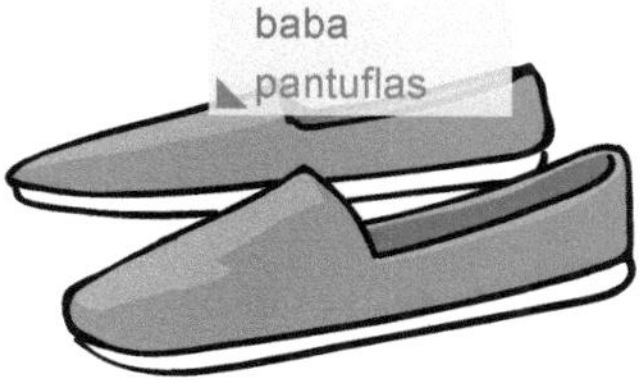

bababa
bufanda

bababa
paraguas

dadababa
cinturón

badada
remera

baba
botas

ba
zapatillas

baba
pantuflas

bababa
....
sandalias

badada
....
zapatos

dada
....
botas de goma

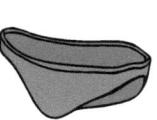
ba
....
ropa interior

baba
....
corpiño

dadadada
....
chaleco

badada

body

ba

pantalones

bababa

jeans

dada

pollera

bababa

blusa

dadadada

camisa

baba

pulóver

baba

buzo

babadada

blazer

baba

campera

bababa

tapado

dadababa

piloto

bababa

traje

ba

vestido

dadaba

vestido de novia

dadadada

traje

babababa

camisón

heia

pijama

baba

sari

dadadada

pañuelo para cabeza

dada

turbante

dada

burka

baba

caftán

dadadada

abaya

wasa

traje de baño

bababa

short de baño

dadababa

shorts

babababa

jogging

baba

delantal

babababa

guantes

dadaba

botón

babadada

anteojos

dada

pulsera

dadababa

collar

bababa

anillo

dadababa

aro

dada

gorra

babadada

percha

dadababa

sombrero

bababa

corbata

badada

cierre

dadaba

casco

dada

tiradores

babadada

uniforme escolar

babababa

uniforme

namnam
babero

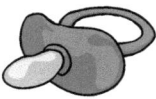

lula
chupete

kaka!
pañal

baba
oficina

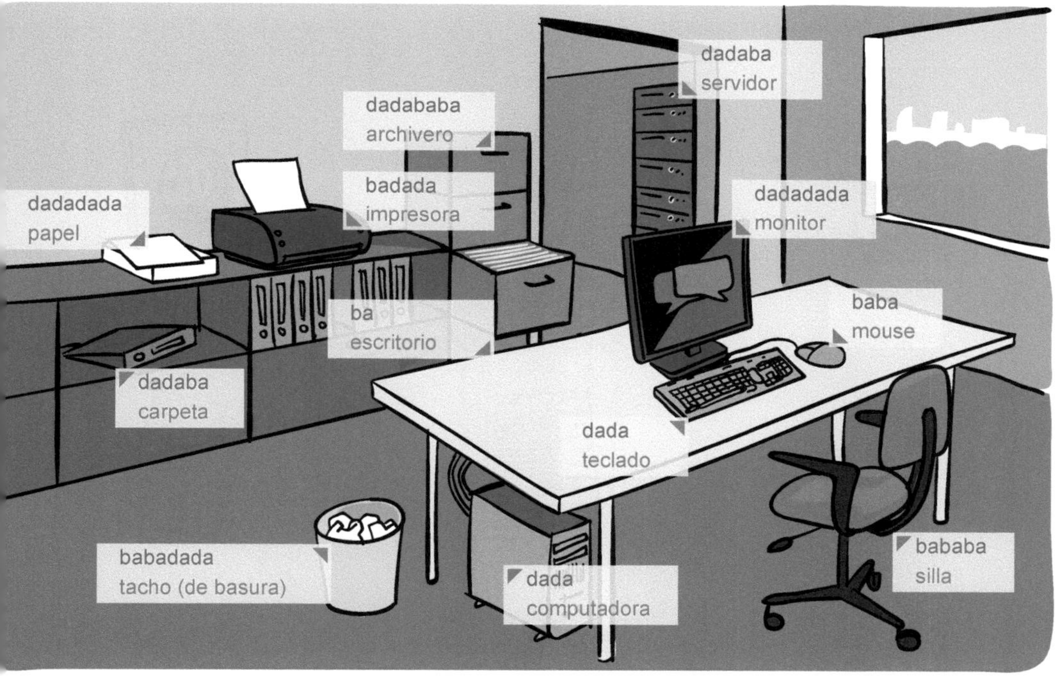

dadaba
servidor

dadababa
archivero

badada
impresora

dadadada
papel

dadadada
monitor

ba
escritorio

baba
mouse

dadaba
carpeta

dada
teclado

babadada
tacho (de basura)

bababa
silla

dada
computadora

dada
taza de café

bababa
calculadora

da da
internet

papa!

laptop

dadababa

carta

ba

mensaje

fon

celular

bababa

red

ba

fotocopiadora

bababa

software

dada bing

teléfono

aua!

tomacorriente

bababa

fax

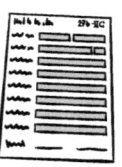

dadaba

formulario

bababa

documento

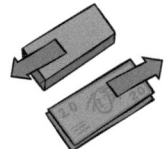

baba

comprar

dadadada

pagar

dadaba

hacer negocios

badada

dinero

babadada

dólar

dadaba

euro

bababa

yen

ba

rublo

dada

franco suizo

dada

yuan

ba

rupia

ba

cajero automático

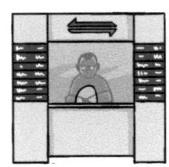

dadadada

casa de cambio

dadadada

oro

baba

plata

dadadada

petróleo

ba

energía

dadadada

precio

baba

contrato

bababa

impuesto

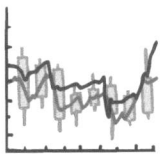

dadadada

acción

dadaba

trabajar

dadadada

empleado

dadababa

empleador

dadaba

fábrica

ba

negocio

badada - economía

baba
policía

dada
bombero

babababa
cocinero

aua!
médico

bababa
piloto

bababa

jardinero

bababa

carpintero

baba

modista

bababa

juez

dadaba

farmacéutico

dadababa

actor

ba

colectivero

auto mann

taxista

bababa

pescador

dadadada

mucama

dadadada

techista

dadadada

mozo

badada

cazador

dadadada

pintor

dadababa

panadero

papa!

electricista

babababa

albañil

bababa

ingeniero

dadababa

carnicero

dadadada

plomero

bababa

cartero

dadadada

soldado

ba

arquitecto

dadaba

cajero

bababa

florista

babadada

peluquero

bababa

cobrador

dadaba

mecánico

dada

capitán

badada

dentista

ba

científico

bababa

rabino

dadaba

imán

dada

monje

dadadada

sacerdote

dada
herramientas

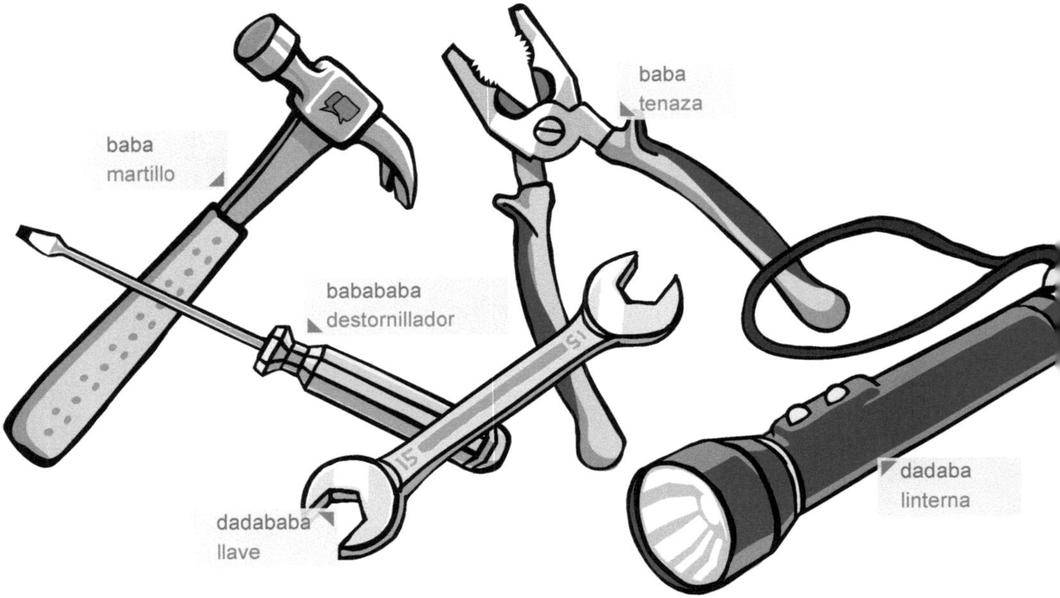
baba
martillo
baba
tenaza
babababa
destornillador
dadababa
llave
dadaba
linterna

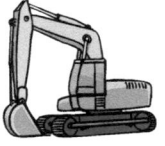

dadaba

excavadora

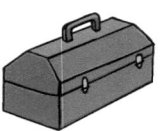

baba

caja de herramientas

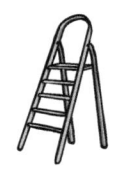

babababa

escalera portátil

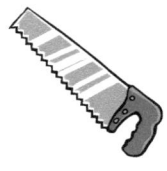

dadaba

sierra

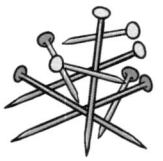

babadada

clavos

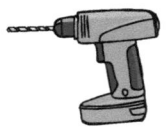

dada

taladro

dadababa
arreglar

dada
pala de jardín

aua!
¡Qué bronca!

dada
pala de plástico

dadaba
tacho de pintura

babababa
tornillos

bababa
instrumentos musicales

bungas
batería

boom boom
parlante

dadababa
contrabajo

bombede
trompeta

ba
guitarra

bingbing

piano

bababa

violín

ba

bajo

badada

timbales

bunga bunga

tambor

badada

teclado

dadababa

saxofón

dadababa

flauta

dadadada

micrófono

baba
entrada

dada mau
tigre

bababa
jaula

dadababa
cebra

babadada
alimento para animales

dada
oso panda

dadadada

animales

bababa

elefante

dadaba

canguro

babadada

rinoceronte

dada

gorila

babababa

oso

dadaba

camello

gackgack

avestruz

babadada

león

dadaba

mono

gackgack

flamenco

bababa

loro

bababa

oso polar

dada

pingüino

bababa

tiburón

dadaba

pavo real

badada

serpiente

babababa

cocodrilo

dadadada

cuidador del zoológico

dada

foca

bababa

jaguar

ei!

poni

dadadada

leopardo

dada

hipopótamo

babababa

jirafa

bababa

águila

babadada

jabalí

nom nom!

pescado

dadadada

tortuga

anje

morsa

dadadada

zorro

bababa

gacela

dadababa
fútbol americano

dadaba
ciclismo

bum bum
tenis

ball
básquet

badada
natación

aua!
boxeo

baba
hockey sobre hielo

dadadada
fútbol

badada
bádminton

dadababa
atletismo

ball
handball

dadadada
esquí

baba
polo

dada
saltar

baba
reír

bababa
abrazar

dada
caminar

dadababa
cantar

dadababa
soñar

dadadada
rezar

mama!
besar

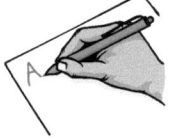

dadaba

escribir

dada

dibujar

dadababa

mostrar

dada

presionar

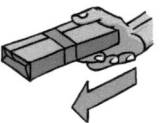

badada

dar

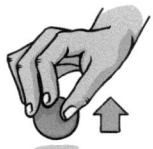

dadaba

tomar

dadaba

tener

dadadada

hacer

babadada

ser

dadadada

estar parado

baba

correr

dadababa

tirar

dadadada

tirar

dadaba

caer

badada

estar acostado

dadaba

esperar

bababa

llevar

ba

estar sentado

dadababa

vestirse

heia!

dormir

bababa

despertar

babababa

mirar

baaaaaa

llorar

dadadada

acariciar

bababa

peinar

bababa

hablar

baba

entender

badada

preguntar

dadababa

escuchar

bababa

beber

nomnom!

comer

badada

ordenar

ba

amar

badada

cocinar

dadababa

manejar

dadadada

volar

dadababa

navegar

dadababa

calcular

dadadada

leer

dadababa

aprender

dadaba

trabajar

baba

casarse

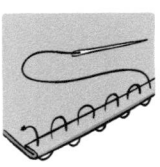

dada

coser

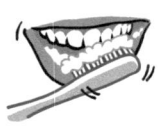

aua!

cepillarse los dientes

aua!

matar

dadababa

fumar

babababa

enviar

oma!
abuela

opa!
abuelo

papa!
padre

mama!
madre

bebi
bebé

ba
hija

badada
hijo

baba
invitado

ba
tía

bababa
tío

nein!
hermano

nein!
hermana

dadababa

cuerpo

bababa
frente
dada
ojo
dada
cara
dadababa
pera
da
pecho
dada
dedo
baba
mano
bababa
brazo
bababa
hombro
dadaba
pierna

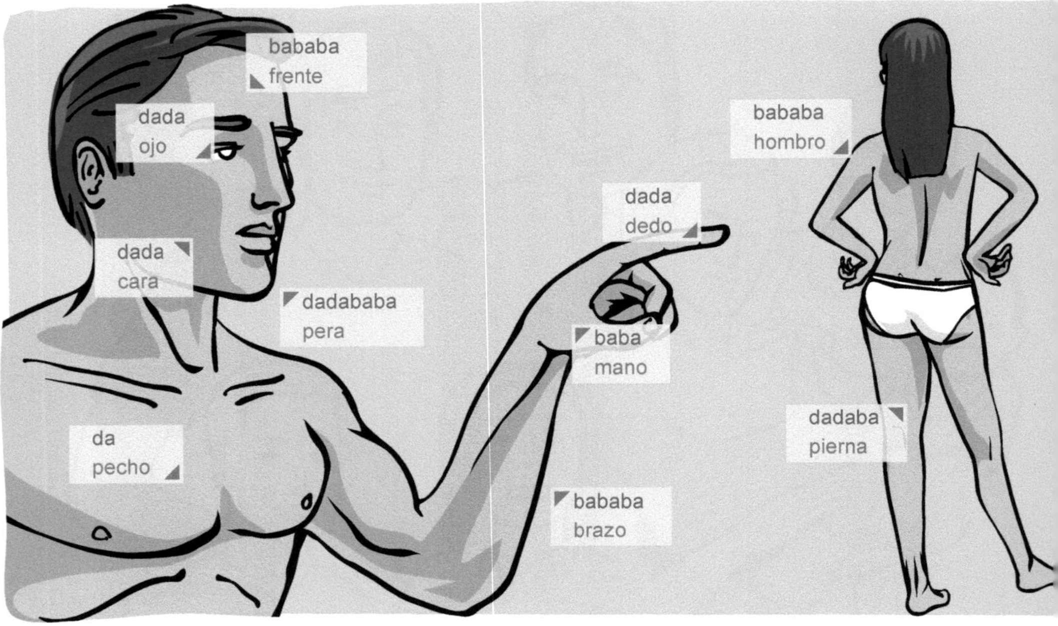

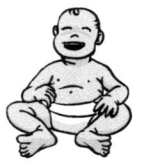

bebi

bebé

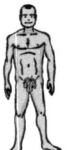

papa!

hombre

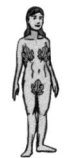

mama

mujer

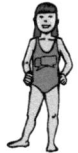

baba

nena

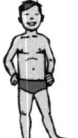

babadada

nene

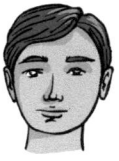

bababa

cabeza

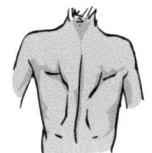

baba

espalda

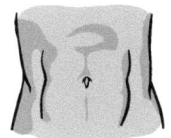

dadababa

panza

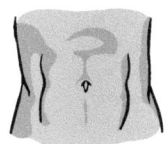

dada

ombligo

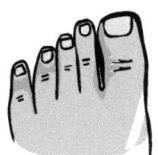

dadababa

dedo del pie

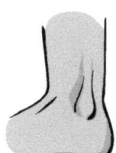

ba

talón

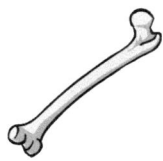

badada

hueso

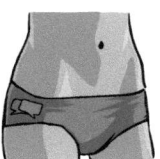

bababa

cadera

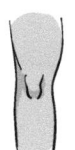

dada

rodilla

dadadada

codo

bababa

nariz

popo

cola

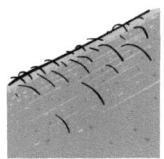

dadaba

piel

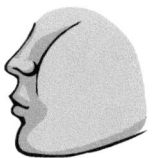

badada

cachete

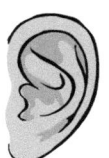

dada

oreja

babababa

labio

dadababa
boca

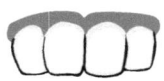

dadadada
diente

baba
lengua

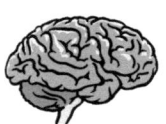

dadadada
cerebro

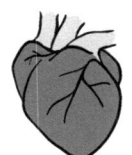

baba
corazón

dada
músculo

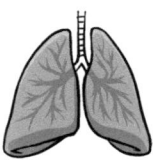

dada
pulmón

dada
hígado

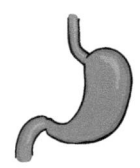

dadababa
estómago

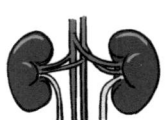

dadaba
riñones

babadada
sexo

dada
preservativo

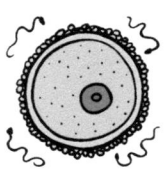

badada
óvulo

dadababa
semen

dadababa
embarazo

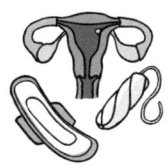

ba

menstruación

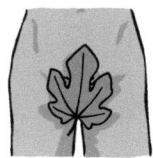

mumu

vagina

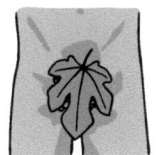

pipi

pene

dada

ceja

dadababa

pelo

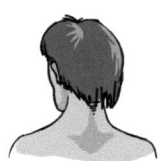

bababa

cuello

aua!
hospital

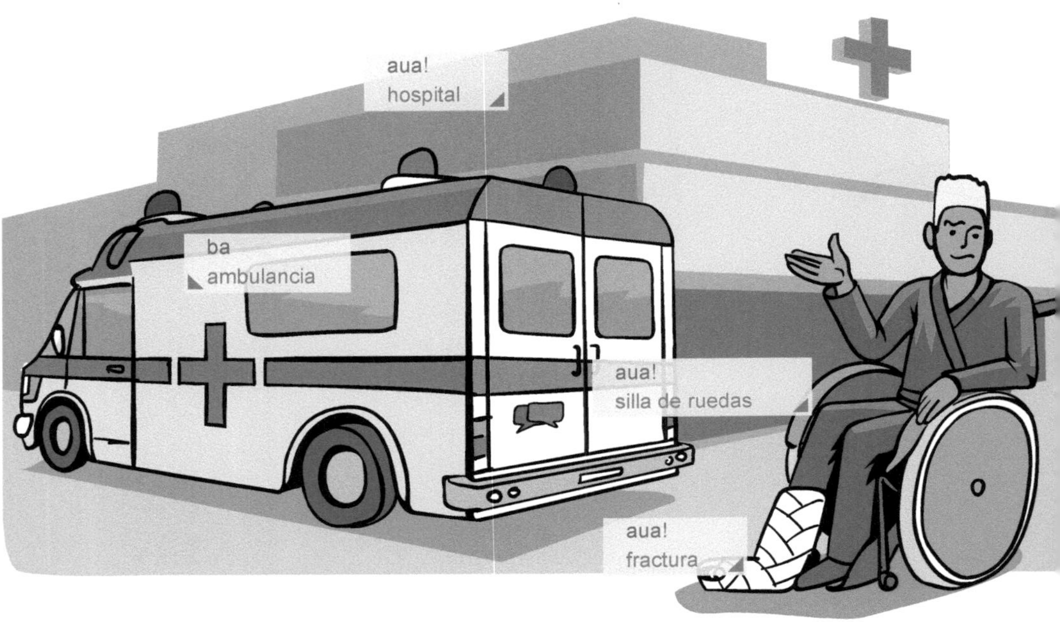

ba
ambulancia

aua!
silla de ruedas

aua!
fractura

aua!
....
médico

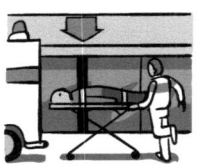

aua!
....
sala de guardia

aua!
....
enfermera

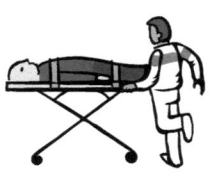

aua!
....
emergencia

aua!
....
inconsciente

dadababa
....
dolor

aua!

lesión

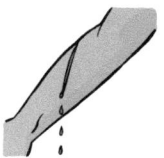

dadadada

hemorragia

aua!

infarto

aua!

ACV

dadababa

alergia

aua!

tos

aua!

fiebre

aua!

gripe

aua!

diarrea

aua!

dolor de cabeza

aua!

cáncer

aua!

diabetes

aua!

cirujano

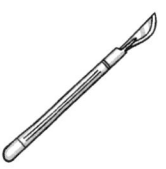

aua!

bisturí

aua!

operación

aua!

TC

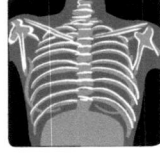

aua!

rayos x

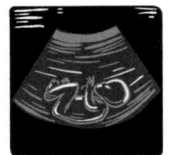

aua!

ecografía

aua!

barbijo

aua!

enfermedad

aua!

sala de espera

aua!

muleta

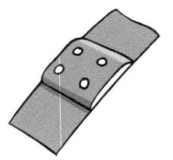

aua!

curita

dadababa

venda

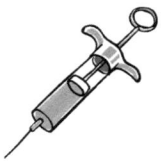

aua!

inyección

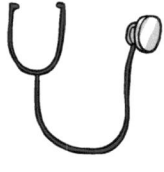

aua!

estetoscopio

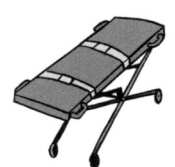

aua!

camilla

aua!

termómetro

aua! bebi!

nacimiento

aua!

sobrepeso

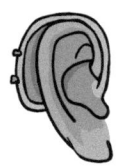

aua!

audífono

aua!

desinfectante

aua!

infección

aua!

virus

aua!

VIH / SIDA

aua!

remedio

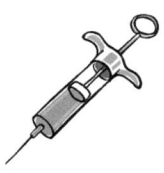

aua!

vacunación

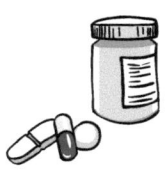

aua!

comprimidos

dadaba

pastilla anticonceptiva

aua!

llamada de emergencia

aua!

tensiómetro

da / ba

enfermo / sano

aua!
....
¡Ayuda!

aua!
....
alarma

aua!
....
agresión

aua!
....
ataque

aua!
....
peligro

dadadada
....
salida de emergencia

dadaba
....
¡Fuego!

dadaba
....
matafuego

aua! aua!
....
accidente

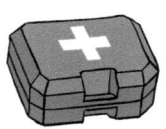

aua!
....
botiquín de primeros
auxilios

baba
....
SOS

dadadada
....
policía

badada

Europa

dadaba

América del Norte

dadababa

América del Sur

dadaba

África

dadaba

Asia

babababa

Australia

badada

Atlántico

dadaba

Pacífico

baba

Océano Índico

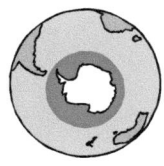

bababa

Océano Antártico

dadababa

Océano Ártico

bababa

polo norte

dadababa

polo sur

dadaba

Antártida

dada

Tierra

dadaba

tierra

badada

mar

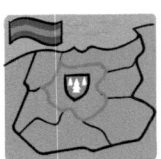

dadadada

isla

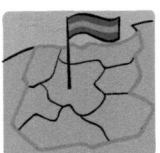

dadadada

nación

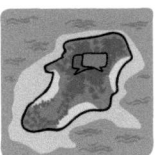

dadababa

estado

baba
....
esfera

babadada
....
manecilla de las horas

baba
....
minutero

bababa
....
segundero

dadababa
....
¿Qué hora es?

babadada
....
día

dada
....
hora

baba
....
ahora

dadababa
....
reloj digital

dadababa
....
minuto

bababa
....
hora

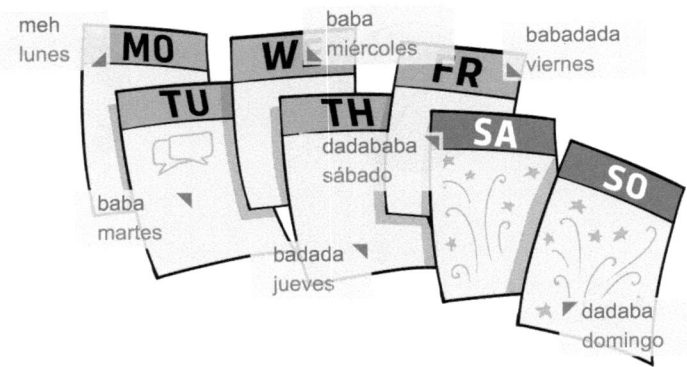

meh
lunes

baba
miércoles

babadada
viernes

dadababa
sábado

baba
martes

badada
jueves

dadaba
domingo

dadadada

ayer

dadababa

hoy

dadaba

mañana

baba

mañana

baba

mediodía

dadadada

tarde

dada

días hábiles

baba

fin de semana

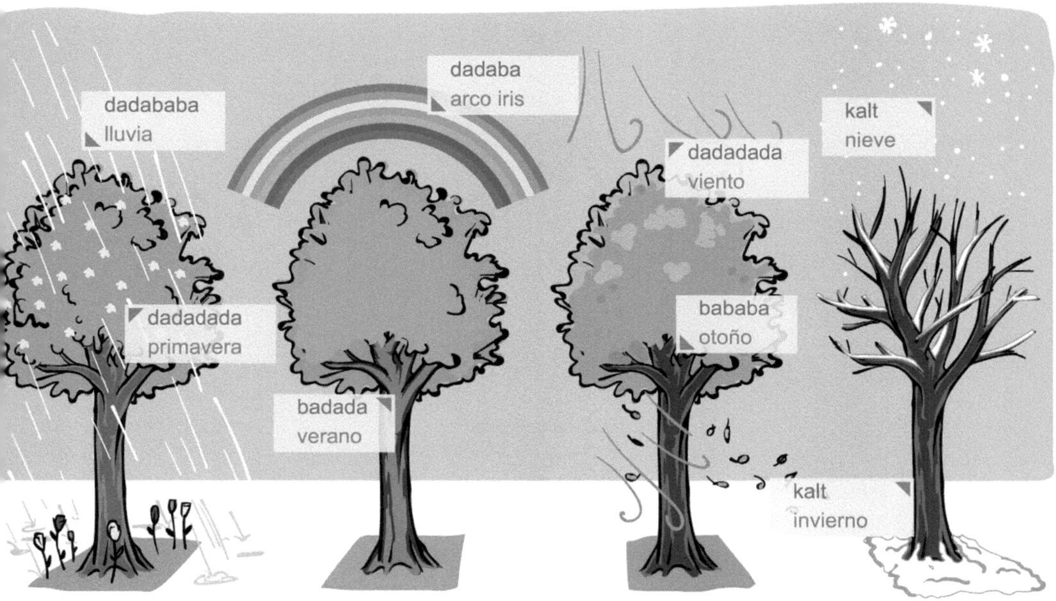

dadababa
lluvia

dadaba
arco iris

kalt
nieve

dadadada
viento

dadadada
primavera

bababa
otoño

badada
verano

kalt
invierno

4.APRIL	11°	☀
5.APRIL	4°	☁
6.APRIL	13°	☂
7.APRIL	8°	☀
8.APRIL	10°	☀

dadababa

pronóstico meteorológico

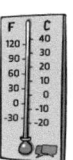

bababa

termómetro

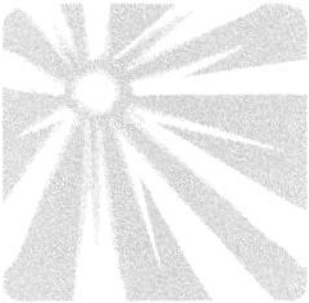

ba

luz del sol

baba

nube

dadadada

niebla

dada

humedad

dadababa

rayo

dada

trueno

badada

tormenta

dadababa

granizo

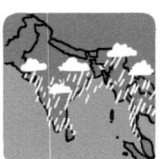

bababa

monzón

dadaba

inundación

dadadada

hielo

dadaba

enero

dadaba

febrero

bababa

marzo

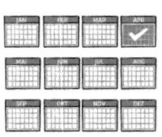

dadadada

abril

dadadada

mayo

babababa

junio

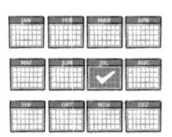

baba

julio

bababa

agosto

dadadada
....
septiembre

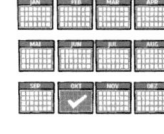

badada
....
octubre

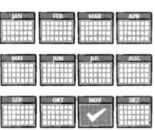

dadababa
....
noviembre

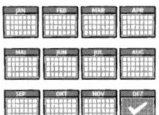

baba
....
diciembre

baba
....
círculo

badada
....
cuadrado

dadababa
....
rectángulo

babababa
....
triángulo

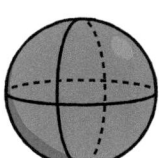

dadadada
....
esfera

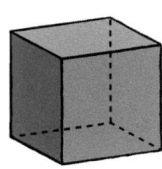

babababa
....
cubo

dadababa

blanco

babababa

amarillo

baba

naranja

dadadada

rosa

babadada

rojo

dadababa

violeta

dadadada

azul

ba

verde

baba

marrón

bababa

gris

badada

negro

da / ba

mucho / poco

da / ba

enojado / tranquilo

da / ba

lindo / feo

da / ba

principio / fin

da / ba

grande / chico

da / ba

claro / oscuro

da / ba

hermano / hermana

da / ba

limpio / sucio

da / bada

completo / incompleto

da / ba

día / noche

da / ba

muerto / vivo

da / ba

ancho / angosto

da / ba
....
comestible / no comestible

da / ba
....
malo / amable

ba / ba
....
entusiasmado / aburrido

da / ba
....
gordo / flaco

ba / ba
....
primero / último

da / bada
....
amigo / enemigo

da / ba
....
lleno / vacío

da / ba
....
duro / blando

da / ba
....
pesado / liviano

da / bada
....
hambre / sed

da / ba
....
enfermo / sano

da / ba
....
ilegal / legal

da / ba
....
inteligente / estúpido

ba / ba
....
izquierda / derecha

da / ba
....
cerca / lejos

dadadada - opuestos

da / bada
....
nuevo / usado

da / ba
....
nada / algo

ba / ba
....
viejo / joven

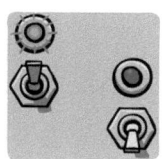

da / ba
....
encendido / apagado

da / ba
....
abierto / cerrado

da / ba
....
silencioso / ruidoso

ba / ba
....
rico / pobre

da / ba
....
correcto / incorrecto

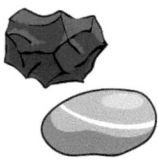

da / ba
....
áspero / suave

ba / ba
....
triste / contento

da / ba
....
corto / largo

da / ba
....
lento / rápido

da / bada
....
mojado / seco

da / bada
....
caliente / frío

da / ba
....
guerra / paz

números

0	**1**	**2**
dada	a	ba
cero	uno	dos
3	**4**	**5**
da ba da	badabada	dadababa
tres	cuatro	cinco
6	**7**	**8**
dadaba	badada	dadababa
seis	siete	ocho
9	**10**	**11**
dadaba	dadadada	badada
nueve	diez	once

12

baba

doce

13

bababa

trece

14

baba

catorce

15

babadada

quince

16

dadababa

dieciséis

17

babababa

diecisiete

18

dadababa

dieciocho

19

bababa

diecinueve

20

dadababa

veinte

100

baba

cien

1.000

baba

mil

1.000.000

dadababa

millón

baba

inglés

babadada

inglés americano

dadababa

chino mandarín

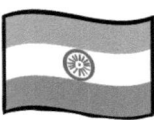

ba

hindi

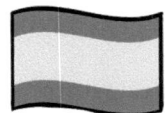

badada

español

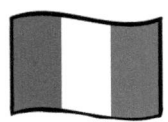

ohlala

francés

babadada

árabe

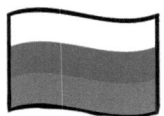

dadaba

ruso

dada

portugués

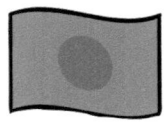

dadadada

bengalí

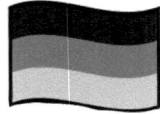

badada

alemán

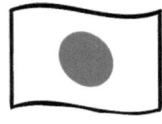

dadadada

japonés

a
yo

dadadada
vos

♂ ♀ ○

da / da / da
él / ella

o ba ma
nosotros

babababa
ustedes

baba
ellos

dadadada
¿quién?

dadadada
¿qué?

baba
¿cómo?

babababa
¿dónde?

babadada
¿cuándo?

HELLO, I AM

dadaba
nombre

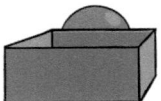

baba

detrás

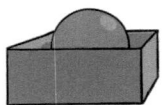

dadaba

en

baba

adelante de

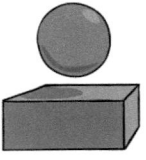

ba

por encima de

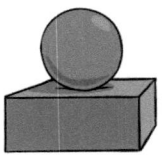

baba

sobre

dadababa

debajo de

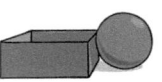

babababa

al lado de

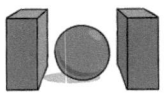

ba

entre

dada

lugar